Grundschule

Herbert Allerheiligen

Werken mit Holz

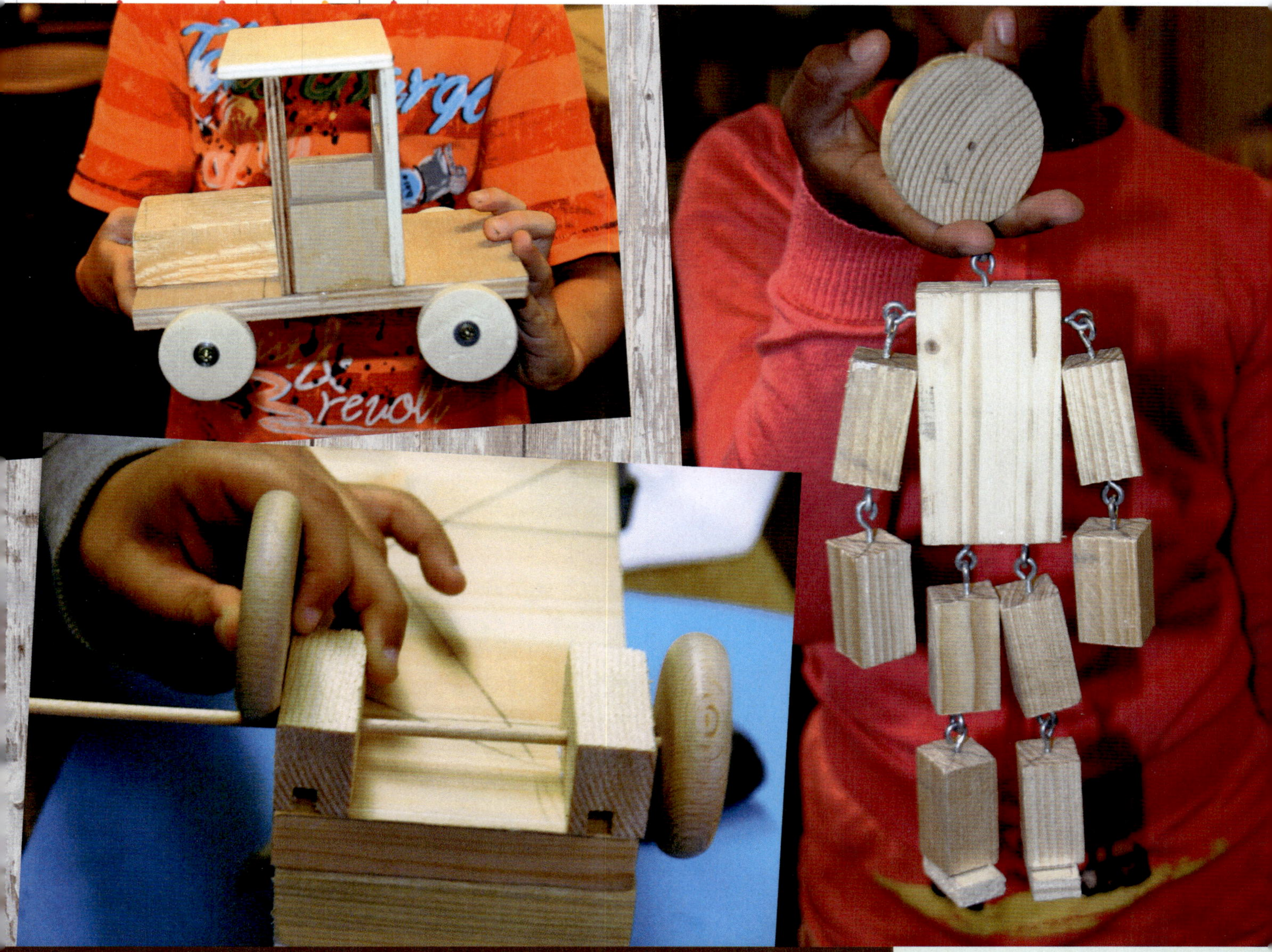

Fix und fertige Unterrichtsideen

Werken mit Holz

Fix und fertige Unterrichtsideen

12. Auflage 2026

Inhalt: Herbert Allerheiligen
Coverbilder: © vulkanus & Kingline - AdobeStock.com
Redaktion: Kohl-Verlag
Grafik & Satz: Kohl-Verlag
Druck: farbo prepress GmbH, Köln

Bildquellennachweis:
Titelseite © Herbert Allerheiligen/Kohl-Verlag
Alle Bilder: © Herbert Allerheiligen

Bestell-Nr. 11 982

ISBN: 978-3-96040-132-2

Kontakt: Kohl-Verlag, An der Brennerei 37-45, 50170 Kerpen
Tel: +49 2275 331610, Mail: info@kohlverlag.de

Der vorliegende Band ist eine Print-Einzellizenz

Sie wollen unsere Kopiervorlagen auch digital nutzen? Kein Problem – fast das gesamte KOHL-Sortiment ist auch sofort als PDF-Download erhältlich! Wir haben verschiedene Lizenzmodelle zur Auswahl:

	Print-Version	PDF-Einzellizenz	PDF-Schullizenz	Kombipaket Print & PDF-Einzellizenz	Kombipaket Print & PDF-Schullizenz
Unbefristete Nutzung der Materialien	x	x	x	x	x
Vervielfältigung, Weitergabe und Einsatz der Materialien im eigenen Unterricht	x	x	x	x	x
Nutzung der Materialien durch alle Lehrkräfte des Kollegiums an der lizensierten Schule			x		x
Einstellen des Materials im Intranet oder Schulserver der Institution			x		x

Die erweiterten Lizenzmodelle zu diesem Titel sind jederzeit im Online-Shop unter www.kohlverlag.de erhältlich.

Inhalt

Vorwort

Liebe Kollegin, lieber Kollege,

die Arbeit im Werkunterricht der Grundschule wird im vorliegenden Buch an unterschiedlichen Beispielen mit abwechslungsreichen Materialien in kleinsten Schritten erläutert. Dabei unterstützt das entsprechende Bildmaterial aus der Praxis. Diese Schritt-für-Schritt-Anleitungen fördern das selbstständige Arbeiten.

Gerade im Inklusionsbereich hilft erfahrungsgemäß die enge Verknüpfung von Bild und Text. Dabei ist das Bild zumeist aussagekräftiger als der Text. Durch die Bilder aus dem realen Schulbetrieb können auch leseschwache Schülerinnen und Schüler sich so manches ohne Hilfestellung erschließen.

Bei den einzelnen Tätigkeiten werden etliche Arbeitsschritte wiederholt. Dieses wiederholende Lernen festigt die verschiedenen Arbeitstechniken. Aus diesen Gründen werden die Arbeitstechniken in die Aufgaben eingebettet.

Varianten der einzelnen Arbeiten entstehen wie Wege beim Gehen: Jede Idee der Schülerinnen und Schüler bringt die Arbeit voran! Die Menge der Marionettenköpfe ist ein Beispiel dafür.

Ich wünsche Ihnen und Ihren Schülerinnen und Schülern viel Freude bei der Entstehung schöner unterschiedlicher Ergebnisse.

Liebe Schülerin, lieber Schüler,

vor dir liegt ein Buch, das dir allerlei Aufgaben zum Werken erklären soll. Wenn du mit dem Sägen, Feilen oder Bohren beginnst, hast du bestimmt eine Menge Fragen zu den Arbeitsverfahren. Egal ob Schleifen, Hämmern, Leimen ... hier kannst du einiges erfahren. TIPPS für besondere Aufgaben oder Hilfestellungen sind bei fast allen Arbeitsschritten zu finden. Du gehst den Erklärungen Schritt für Schritt nach und erhältst am Ende ein erfreuliches Ergebnis.

Herbert Allerheiligen

WERKEN MIT HOLZ
Fix und fertige Unterrichtsideen – Bestell-Nr. 11 982

Mit Schülern bzw. Lehrern sind im ganzen Band selbstverständlich auch die Schülerinnen und Lehrerinnen gemeint.

Kleines Werkzeug-ABC

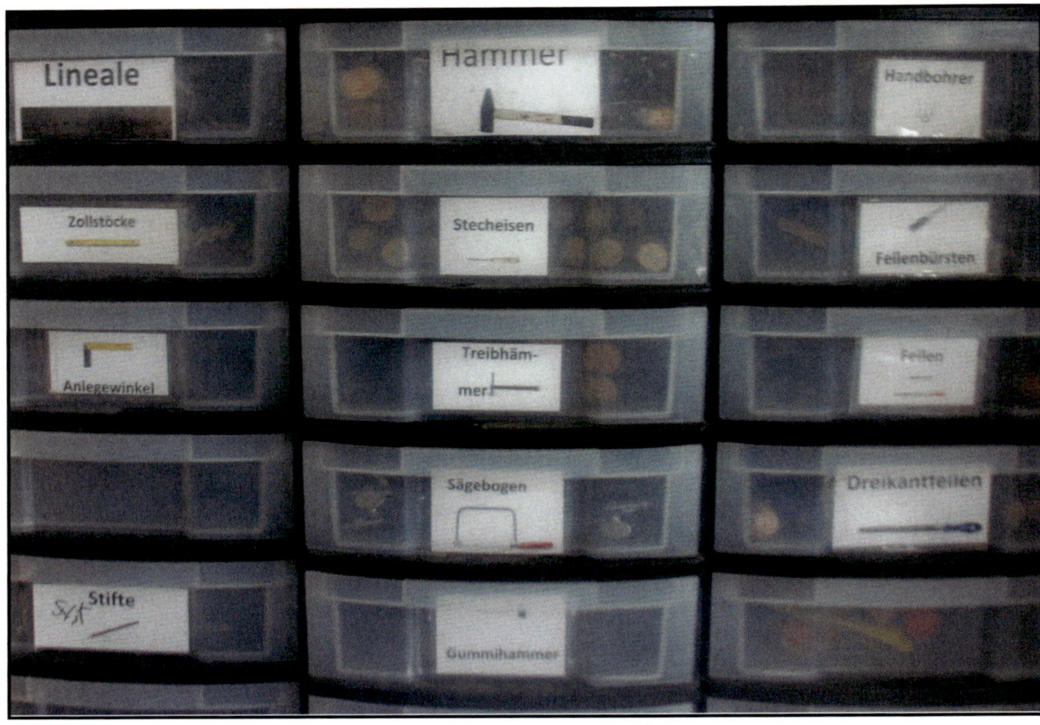

Dieses Beispiel für die Aufbewahrung von Werkzeugen ist für Grundschulen besonders geeignet. Die Geräte sind gut zu sehen und leicht greifbar.

<u>A</u>kkuschrauber

<u>A</u>nlegewinkel

<u>B</u>ankeisen

<u>B</u>ankeisen

<u>D</u>rillbohrer

<u>F</u>eile

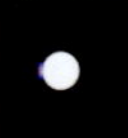

Kleines Werkzeug-ABC

Feinsäge

Flachzange

Fuchsschwanz

Hammer

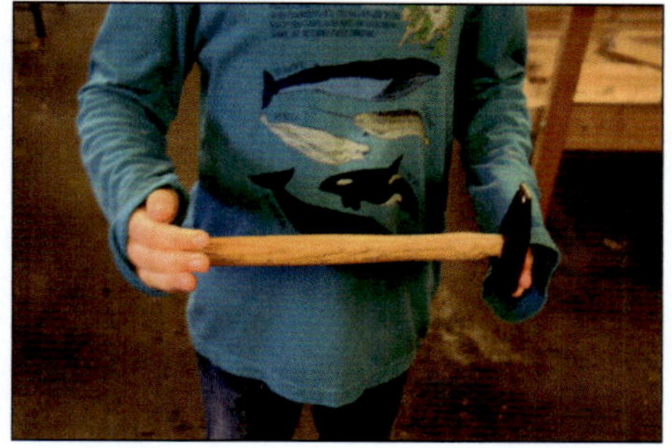

Handbohrer

Japansäge

Klebepistole

Klemmzwinge

Klüpfel

Kombizange

Laubsäge

Laubsägebrett & -schlüssel

WERKEN MIT HOLZ
Fix und fertige Unterrichtsideen – Bestell-Nr. 11 982
KOHL VERLAG

Kleines Werkzeug-ABC

Leimzwinge

Puk-Säge

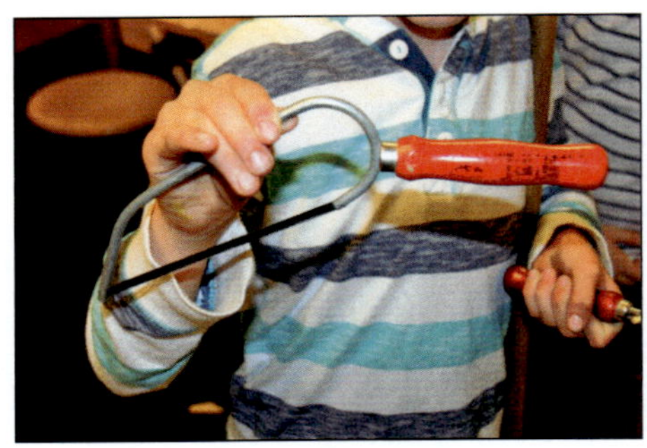

Raspel

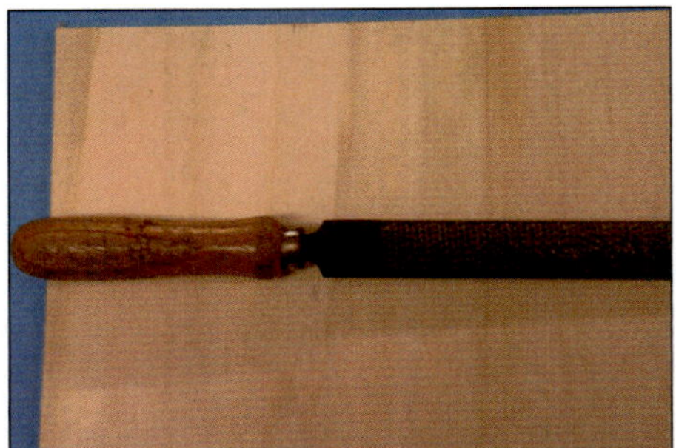

Rundzange

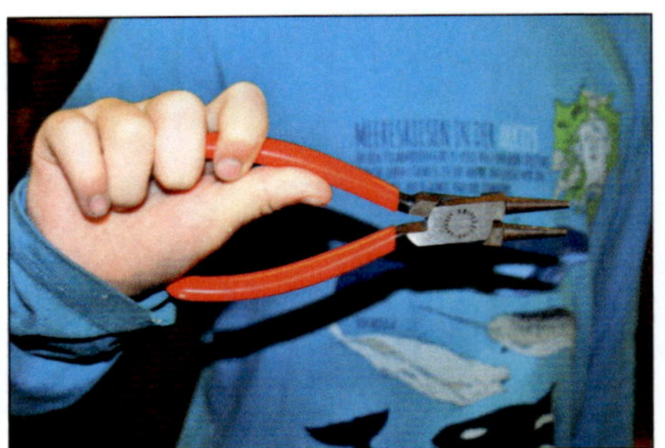

Schleifpapier

Schnittlade

Schraubzwinge

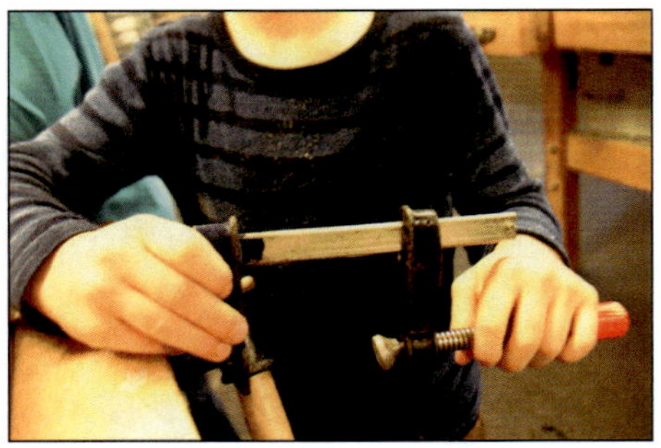

Universal-
messer

Vorstecher

Winkel

Zirkel

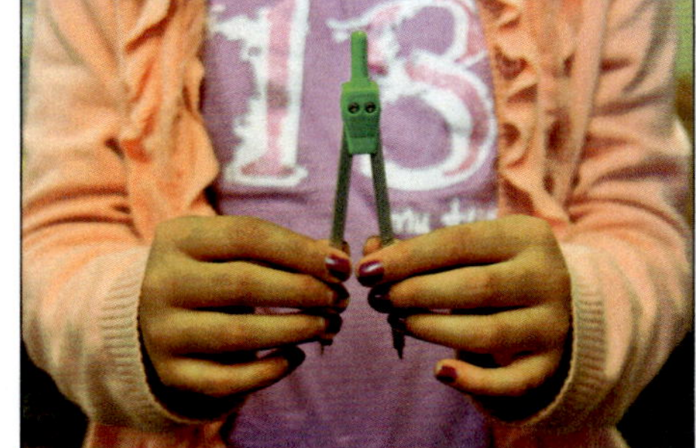

Zollstock

1 Namensschild

Ein Namensschild ist eine einfache Arbeit für den ersten Umgang mit der Laubsäge. Eine große Hilfe wären bereits vorgefertigte Holzbuchstaben, die als Muster im Werkraum vorhanden sein sollten. Ihr könnt natürlich auch andere Namen als euren eigenen wählen: Mama, Papa…

1 Namensschild

1

Ein Sperrholzstreifen in der Größe der Buchstaben sollte vorgegeben werden.

2

Zeichne den ersten Buchstaben an eine Seite und Ecke deines Holzes. Das spart Zeit und Holz.

<u>TIPP</u>: Lege immer die längsten geraden Kanten an den Rand deines Holzstreifens!

3

Du musst entscheiden, ob du alles in Großbuchstaben sägen willst, oder ob du auch kleine Buchstaben verwenden möchtest.

4

Ein Sägeblatt einzuspannen geht so:

Spanne die Säge in die Hobelbank ein und löse die Flügelschrauben mit dem Schlüssel.

5

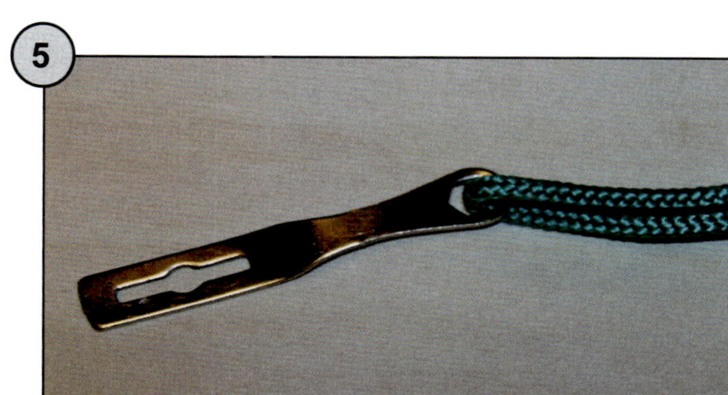

Für diesen Zweck gibt es einen speziellen Schlüssel.

6

Setze das Blatt an der Seite des Griffes so ein, dass es stärker kitzelt, wenn du mit einem Finger vom Griff weg darüber streichst.

7

Ziehe zuerst die Flügelschraube an der Seite des Griffes fest. Dann kannst du das Sägeblatt zur anderen Seite hin überstehen lassen.

8

Drücke nun die beiden Laubsägearme zusammen und ziehe die zweite Schraube fest. Du siehst hier mehrere Hände.

<u>TIPP</u>: Hierbei sollte ein Mitschüler helfen!

WERKEN MIT HOLZ
Fix und fertige Unterrichtsideen – Bestell-Nr. 11 982

1 Namensschild

9

Nun kannst du mit dem Einrichten deines Arbeitsplatzes beginnen. Hier spannst du das Sägebrett an deiner Hobelbank bzw. deinem Arbeitsplatz fest.

10

Hier wird ein „a“ gesägt. Es ist zuvor an den Rand gezeichnet worden, um Material zu sparen.

11

Die ausgesägten Buchstaben musst du nun an den Sägekanten glattschleifen.

<u>TIPP</u>: Die fertigen Buchstaben kannst du in einem Beutel mit deinem Namen sammeln.

12

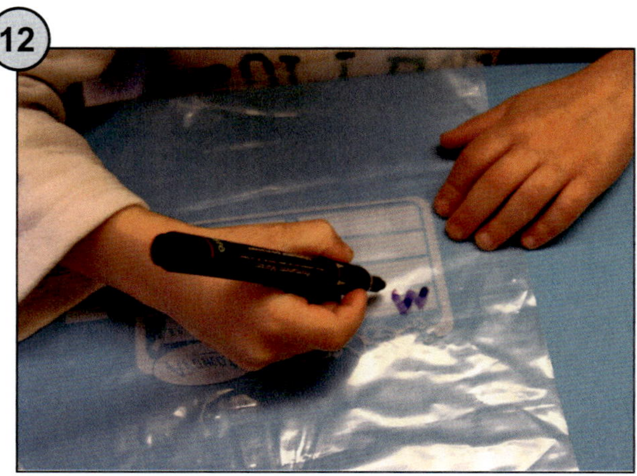

13

WERKEN MIT HOLZ
KOHL VERLAG

1 Namensschild

Offene Buchstaben, also solche mit einem „Bauch“ wie „a“, „b“ oder „o“, bearbeitest du folgendermaßen:

14

Zuerst bohrst du mit dem Handbohrer ein Loch in den „Bauch“ des Buchstabens. Achte darauf, dass du nicht in den Tisch bohrst. Am besten legst du ein Stück Holz darunter.

15

Die Laubsäge wird gegenüber des Griffes geöffnet. Nun führst du das Sägeblatt durch dein zuvor gebohrtes Loch im „Bauch“ deines Buchstabens. Achte darauf, dass du deine Sägelinie gut sehen kannst.

***TIPP:* Achte vor dem Spannen der Säge darauf, dass du den gezeichneten Kreis sehen kannst.**

16

So sieht ein „a“ nach dem Aussägen aus.

17

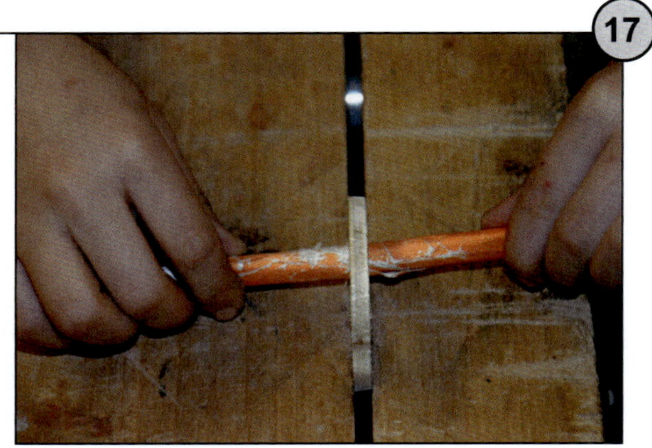

Zum Schleifen des „Bauches“ benutzt du einen mit Schmirgelpapier umwickelten Bleistift. Damit kannst du innen und an schwer zugänglichen Stellen schleifen.

18

Die Grundplatte muss groß genug sein, damit alle Buchstaben deines Namens darauf Platz haben. Deshalb legst du vor dem Sägen einmal alle Buchstaben nebeneinander, um die richtige Größe bestimmen zu können.

Für deine Grundplatte, auf die du deine Namensbuchstaben aufkleben möchtest, kannst du auch ein besonderes Motiv wählen, wie z.B. eine Wolke.

19

20

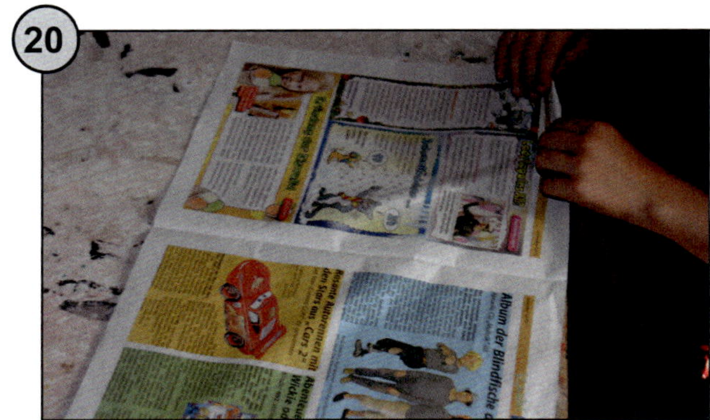

Vor dem Aufkleben kannst du die Buchstaben anmalen. Achte dabei darauf, dass du deinen Arbeitsplatz mit Zeitungspapier auslegst. Dann musst du hinterher weniger putzen!

22

21

So ähnlich sollte dein Arbeitsplatz aussehen, bevor du mit dem Anmalen der Buchstaben beginnen kannst.

<u>TIPP</u>: Wenn du kleine (Sperr-)Holzteile unterlegst, kleben deine Buchstaben nicht an der Zeitung fest!

1 Namensschild

TIPP: Benutze für jede Farbe einen eigenen Becher und einen eigenen Pinsel. Nicht mit einem Pinsel in mehrere Farbeimer eintauchen, da du damit die Farben vermischst.

23

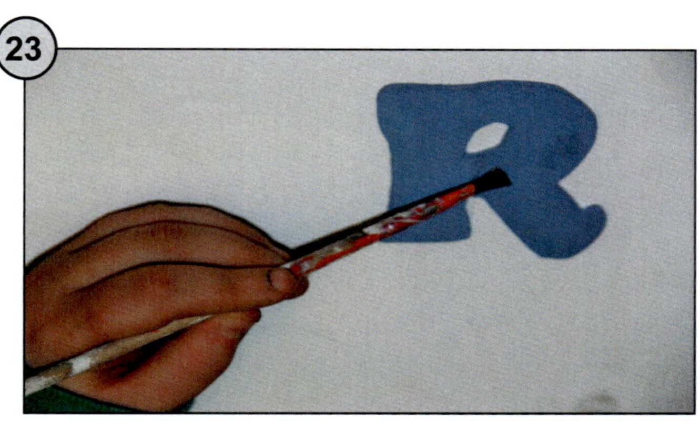

24

Je weniger Farbe du nimmst, desto schneller trocknet deine Arbeit. Dafür tauchst du den Pinsel nur mit der Spitze in die Farbe.
Erst wenn alle Farben getrocknet sind, kannst du weiterarbeiten.

***TIPP**: Es genügt, wenn die Hälfte des Pinsels mit Farbe bedeckt ist.*

25

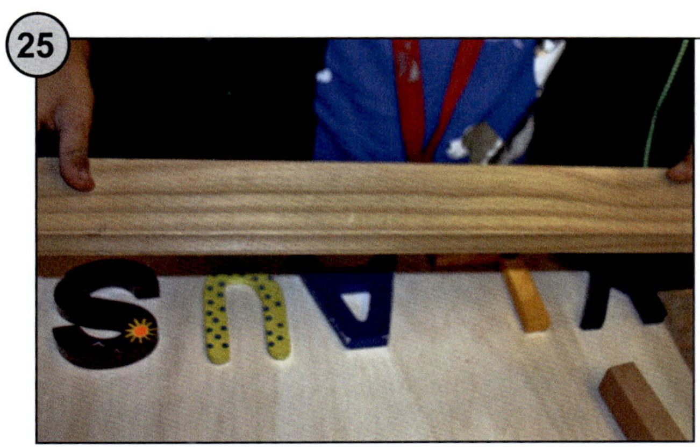

Man kann die Buchstaben aber auch ganz einfach mit Buntstiften anmalen. Dann muss man auch nicht warten, bis die Farbe getrocknet ist.

Hier hat ein Schüler einen Kometen als Unterlage für seinen Namen gewählt.

26

Wenn du die Grundplatte auch bemalen möchtest, solltest du dies vor dem Anleimen der Buchstaben tun. Danach richtest du die Buchstaben auf deiner Holzplatte aus. Damit es gerade wird, kannst du ein gerades Stück Holz oder dein Lineal nehmen.

27

Lege alle Buchstaben in der richtigen Reihenfolge auf deine Unterlage. Achte dabei auf gleichmäßige Abstände zwischen den Buchstaben. Dabei kann dir eine Leiste oder dein Lineal als Abstandshalter helfen.

28

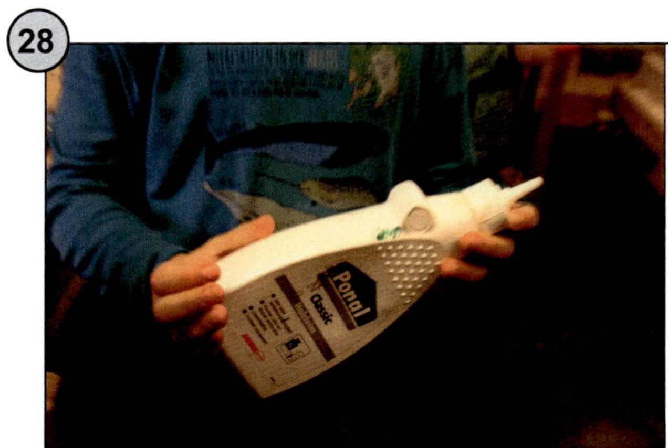

Nun klebst du die Buchstaben auf. Verwende dazu gewöhnlichen Holzleim. Setze dabei einige Leimpunkte auf die Rückseite der Buchstaben und lege sie dann vorsichtig und möglichst gerade auf deine Grundplatte.

29

Sobald du alle Buchstaben aufgeklebt hast, nimmst du eine große Leiste und legst sie auf deine Buchstaben. Achte darauf, dass alle Buchstaben von der Leiste bedeckt sind. Dann klemmst du die Leiste mit zwei Schraubzwingen fest und presst dadurch die Buchstaben auf deine Grundplatte. Fertig!

30

31

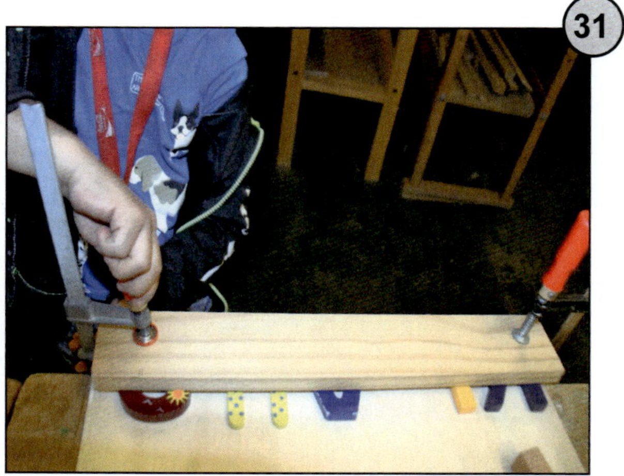

2 Marionette

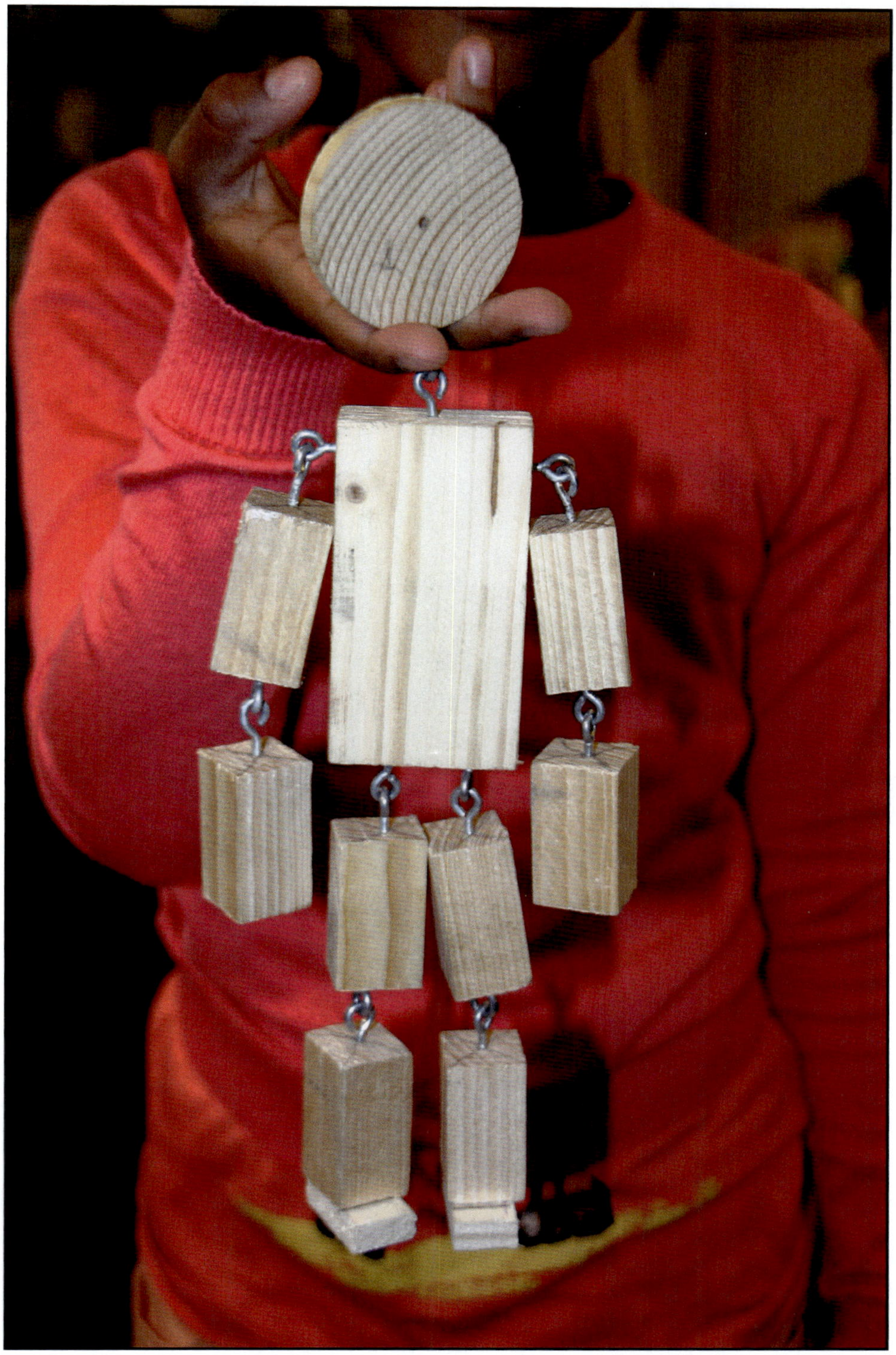

Eine solche Marionette kann schon mit sehr jungen Schülerinnen und Schülern und den entsprechenden Werkzeugen und Hilfen hergestellt werden. Die Schüler messen ihre eigenen Gliedmaßen, teilen durch 10 und multiplizieren mit 2.
Also wird aus einem Oberschenkel von 30 cm ein Holzstück von: 3 cm • 2 = 6 cm.
Entsprechende Leisten werden z. B. in der Größe von 2,5 cm • 2,5 cm zur Verfügung gestellt und von den Schülern abgesägt.
Der Körper wird aus einer 4 • 6 cm starken Leiste gesägt oder – und das erscheint einfacher – aus mehreren Leisten zusammengeklebt.
Für den Kopf benötigt man rundes Tannenholz.

2 Marionette

1

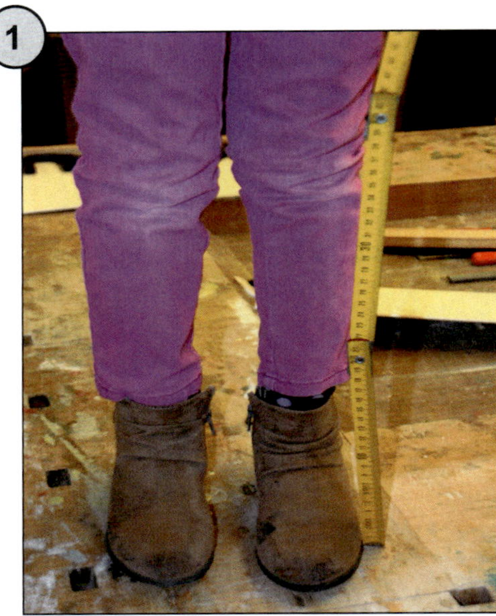

Hier wird der Unterschenkel gemessen. Wenn du zum Beispiel 30 cm misst, nimmst du für deine Figur:
30 cm : 10 = 3 cm
3 cm • 2 = 6 cm.

2

Auf den Leisten 4 mal 6 cm anzeichnen.

3

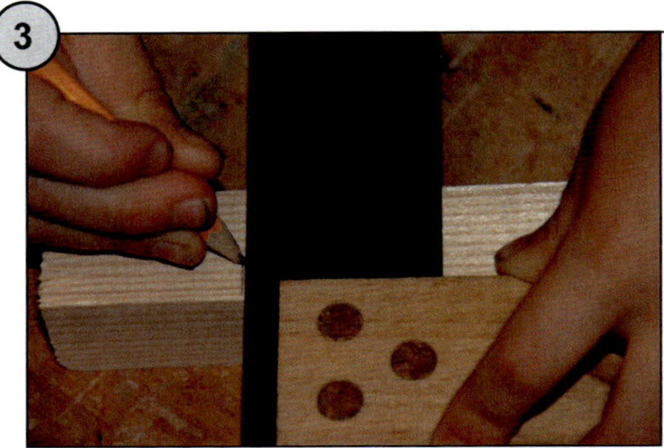

Damit du einen rechtwinkligen, geraden Strich bekommst, solltest du mit dem Anlegewinkel arbeiten. Dazu drückst du den Holzgriff des Winkels gerade an die Leiste und ziehst deinen Strich entlang des Metalllineals.

4

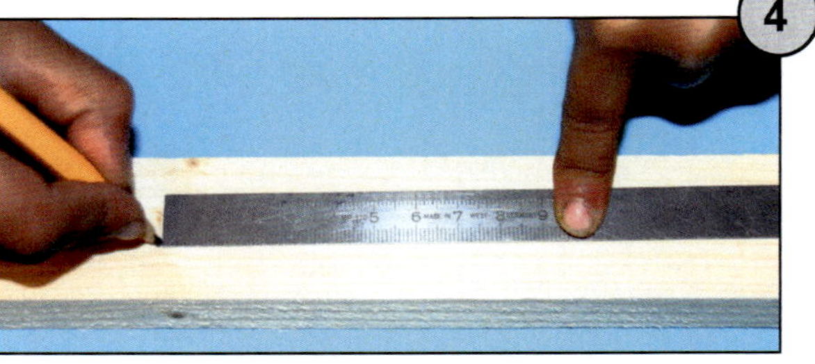

Hier wird eine 2 cm starke Leiste für den Körper angezeichnet. Die Länge des „Unterschenkels“ wird mit einem kleinen Strich gekennzeichnet.

5

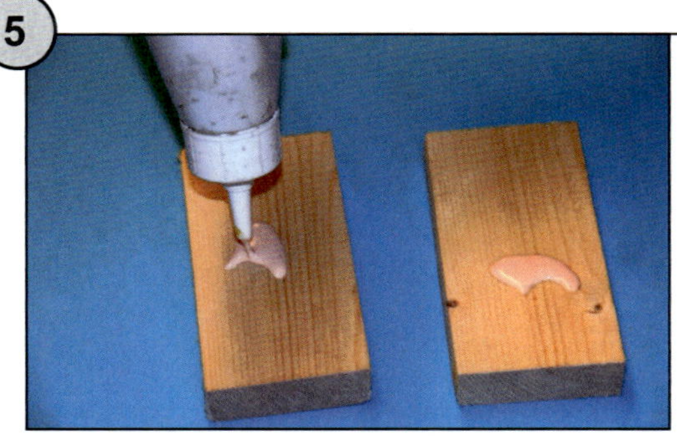

Zwei Leisten für den Körper werden zusammengeleimt.

6

Hier siehst du, wie mit einem Zollstock gemessen wird, damit die korrekte Länge eingezeichnet werden kann. Du kannst das Maß auch mit deinem Geodreieck einzeichnen. Das ist aber etwas schwieriger, weil du das Geodreieck direkt an die Kante anlegen musst.

7

Jetzt geht es an die Arbeit! Du spannst eine Schnittlade als Sägehilfe so in die Hobelbank ein, dass die Sägeführung etwas herausragt, sonst besteht die Gefahr, dass du in den Tisch sägst.

8

9

Die Leiste kannst du mit einer Schraubzwinge festklemmen, sodass sie fest in der Lade liegt. Dann kannst du einfacher sägen.

10

Wenn du die Beine abgesägt hast, musst du den Mittelpunkt auf deiner quadratischen Leiste ermitteln. Das machst du wie folgt: Du legst ein Lineal auf die gegenüber liegenden Ecken und zeichnest etwa in der Mitte einen kleinen Strich. Wenn du das bei allen Ecken gemacht hast, hast du in der Mitte ein kleines Kreuz – das ist die Mitte deiner Leiste.

11

Jetzt bohrst du unter Mithilfe deines Lehrers ein kleines Loch. Dazu kannst du auch einen Handbohrer benutzen.

KOHL VERLAG WERKEN MIT HOLZ Fix und fertige Unterrichtsideen – Bestell-Nr. 11 982

TIPP: Wenn du die Füße vor dem Einsetzen der Ringschrauben anleimst, kannst du die Zwingen besser befestigen!

Du kannst auch mit einem Nagel das Loch für die Schraube vorbereiten, indem du den Nagel etwas einschlägst und anschließend wieder herausziehst.

12

13

Wenn du möchtest, kannst du aus einer dünneren Leiste Füße sägen und anleimen. Bevor der Unterschenkel gebohrt wird, kann der Fuß mit einer Schraubzwinge festgedrückt werden.

Der Kopf kann mit einer Lochsäge im Durchmesser von 4 cm vom Lehrer vorbereitet werden. Gute Handwerker können den Kopf aber auch mit der Laubsäge aus Tannenholz aussägen.

TIPP: Ringschrauben biegen... so wird's gemacht!

14

Das Zusammenfügen der Teile mit Ringschrauben ist der schwierigste Teil der Arbeit.
Die Ringschraube wird beim Öffnen am Gewinde mit einer Kombizange gehalten und dann wird die Öse mit einer Rundzange auseinandergedrückt.

15

So wird die Rundzange eingesetzt und die Öffnung aufgebogen. Ein Mitschüler kann dir dabei helfen.

16

So sieht die Öse jetzt aus.

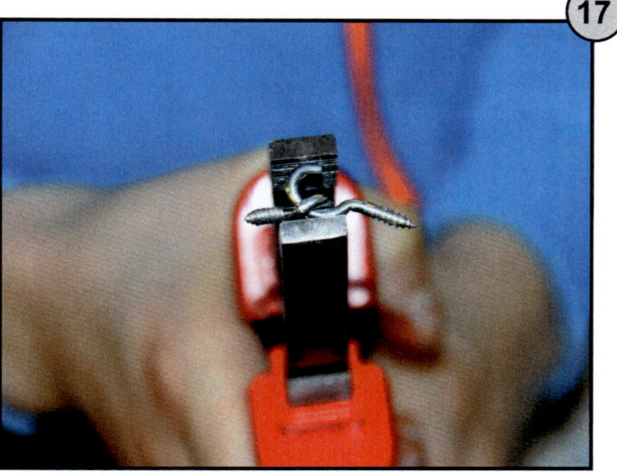

Die beiden Ringe werden ineinander-gefügt.

Die beiden Ringe werden ineinander-gefügt.

TIPP: Die Schraube kann alternativ auch mit dem Gewindestück in einen Schraubstock eingeklemmt werden.

So wird die Schraube mit einem Schraubstock bearbeitet. Die Rundzange wird angesetzt und der Ring aufgebogen.

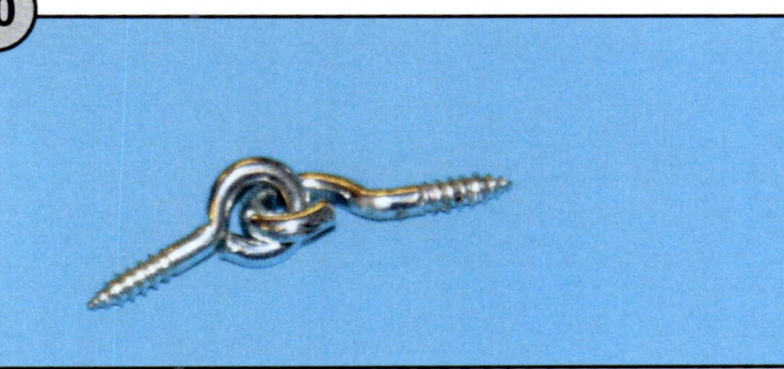

Wenn du die beiden Ringe zusammengepresst hast, sieht deine Schraube so aus.

TIPP: Zur Aufbewahrung der Einzelteile eignet sich ein Plastikbeutel mit deinem Namen.

Hier werden die Einzelteile „verpackt". So findest du die Holzstücke immer wieder. Der Körper sollte aus dem gleichen Holz gefertigt werden: Breite: 5 cm. Höhe: entsprechend der Körpergröße.

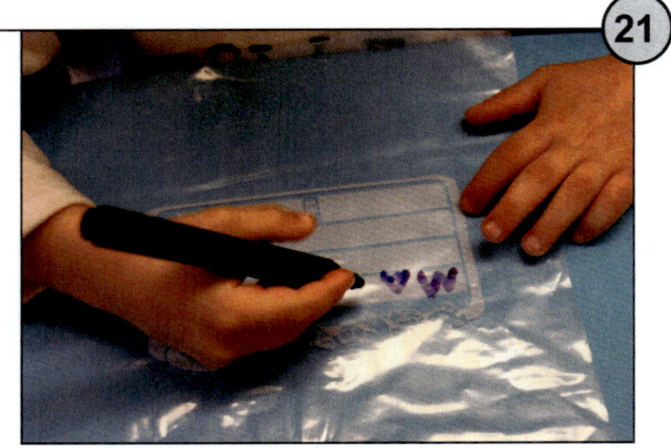

KOHL VERLAG WERKEN MIT HOLZ Fix und fertige Unterrichtsideen – Bestell-Nr. 11 982

2 Marionette

22

Spanne die Hölzer in die Klemmbacken der Hobelbank ein. Dies hilft dir beim Arbeiten mit den Schrauben.

23

So wird die Ringschraube in das Bein eingesetzt.

24

Nun wird das fertige Bein mit dem Körper verbunden. Bei dieser nicht ganz leichten Arbeit kann dich ein Mitschüler unterstützen.

25

Ein passender Nagel hilft dir beim Eindrehen der Schrauben, wenn du ihn als „Hebel“ benutzt.

26

Der Arm wird geklemmt. Dann wird die Ringschraube mit einer Rundzange eingedreht.

***TIPP*: Das Anbringen der Arme ist leichter, wenn du deiner Marionette „Schultern“ gibst.**

27

Hier liegt ein Stück Holz als Schulter auf dem festgeklemmten Körper.

28

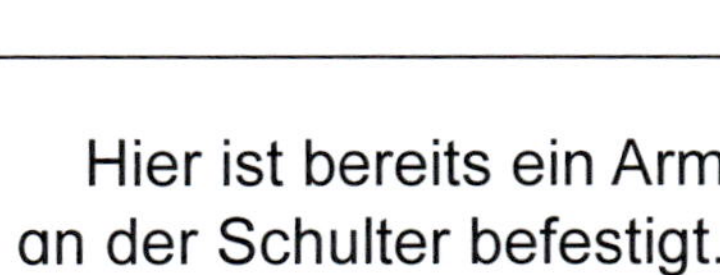

Hier ist bereits ein Arm an der Schulter befestigt.

***TIPP*: Die beiden Arme vor dem Leimen an die Schultern schrauben.**

29

Den Körper oben mit Leim versehen und ankleben.

2 Marionette

Die Schulter kann nach dem Anleimen zusätzlich angenagelt werden. So wird sie stabilisiert.

30

31

Für den Kopf haben sich die Schüler verschiedene Möglichkeiten ausgedacht. Hier entsteht ein Kopf, bei dem ein Rundholz aus Tanne von der Rinde befreit wird.

<u>TIPP</u>: Mit einem Stecheisen musst du immer von deinem Körper weg arbeiten! Die Eisen sind sehr scharf! Verletzungsgefahr!

In einer selbst erstellten dreieckigen Schnittlade lässt sich das Rundholz einfacher sägen. Du kannst aber auch mit einer normalen Schnittlade arbeiten.

32

33

Der Mittelpunkt des Körpers wird ermittelt, indem du von den gegenüberliegenden Ecken in der Mitte ein kleines Kreuz setzt.

34

In den abgesägten „Kopf“ wird ein Rundholz gesteckt. Ein gleich großes Loch wird in den Körper gebohrt.

35

An dieser Stelle ist der Stab noch recht lang, sodass man der Marionette auch noch einen Hals ansetzen kann.

36

Der Holzstift wird abgemessen, indem du die Tiefe des Bohrloches kennzeichnest. Das Gleiche machst du dann beim Bohrloch im Körper deiner Marionette. Die beiden Abstände zählst du zusammen. Nun müssten Kopf und Körper genau zusammenpassen.

37

Hier wird der Kopf eingesetzt. Er ist sogar leicht drehbar.

Hier ist ein Hals aufgesetzt. Er hat eine Bohrung, die 1 mm größer ist als das Rundholz.

WERKEN MIT HOLZ
Fix und fertige Unterrichtsideen – Bestell-Nr. 11 982
KOHL VERLAG

2 Marionette

Eine zweite Möglichkeit, den Kopf zu befestigen, ist die Verwendung von Ringschrauben. Dazu müssen – wie bereits beschrieben – zwei Schrauben verbunden werden. Dann werden sie in die Mitte gesetzt. Dabei hilft ein Nagel.

38

39

Hier wird ein rechteckiger Kopf – wie schon gelernt – gebastelt: abmessen, anzeichnen und sägen.

40

Mit einem Rundholz wird dieser Kopf aufgesteckt.

41

So könnte eine fertige Marionette mit rundem Kopf aussehen.

43

42

Diese Marionette bekommt ein ganzes Gesicht!

3 Rundholzmarionette

Du suchst dir in der Natur entsprechende Stöcke und kannst mit deiner Arbeit beginnen.

<u>Beachte</u>: Du solltest keine Stöcke von Büschen oder Bäumen abbrechen!

3 Rundholzmarionette

1

Der Körper wird von einem Tannenstamm abgesägt. Dazu wird der Stamm in die Hobelbank geklemmt.
Bei dieser Arbeit können dir Mitschüler behilflich sein.

2

Das Rundholz wird in eine Schnittlade geklemmt, um es absägen zu können. Das ist ein wenig schwierig, weil dein Holz leicht wegrutschen kann. Hier können dich ebenfalls deine Mitschüler unterstützen.

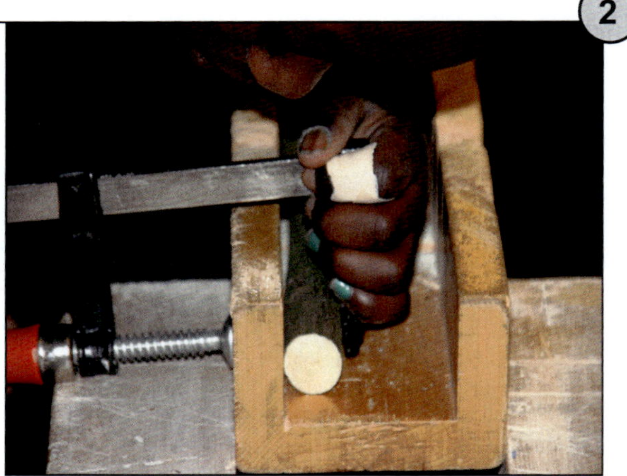

3

In einer Schnittlade mit Dreiecks-Form kannst du den Stock einfacher mit einer Hand festhalten.

4

Hier sägt jemand ohne Schraubzwinge in der normalen Lade.

5

Ein Nagel kann eine Hilfe beim Eindrehen der Schrauben sein.

***TIPP*: Beim Zusammensetzen kann die Schraube mit der Hand oder einer Zange gehalten und das Holzstück gedreht werden.**

6

Hier wird der Kopf gesägt. Das Holz wurde zuvor nicht entrindet.

7

Hier wird das Tannenholz mit einem Stecheisen entrindet.
Einfacher ist es, wenn du den Kopf nach dem Entrinden absägst.

8

Für den Kopf wird die Fläche mit der Hand geschliffen.

3 Rundholzmarionette

9

Mit einem 4-mm-Bohrer wird ein Loch in den Kopf gebohrt. Hier wird das Rundholz hineingesteckt.

10

Der Körper wird mit einem gleich großen Loch versehen.

11

Wie lang der Stab sein muss, der die beiden Teile zusammenhält, kannst du durch Probieren herausfinden, oder du benutzt ein Bastelstreichholz und misst die Tiefe des Loches und kürzt das Holz entsprechend.

12

Nachdem alle Teile der Marionette miteinander verbunden wurden, kannst du das Gesicht noch ein wenig verzieren.

<u>TIPP</u>: Die beiden Arme vor dem Leimen an die Schultern schrauben.

4 Auto

**Beim Basteln eines Autos sind deiner Phantasie keine Grenzen gesetzt.
So entstehen viele schöne Unikate.**

4 Auto

1

Für den Bau eines Autos oder Lastwagens benötigst du eine Grundplatte aus etwas dickerem (Sperr-) Holz. Dann legst du die Größe der Grundplatte fest. In diesem Beispiel nehmen wir 10 • 20 cm und messen die Platte entsprechend ab. Dazu brauchst du Zentimetermaß und Anlegewinkel.

***Tipp*: Der Winkel muss genau an eine gerade Kante angelegt werden.**

2

Zum Sägen des Brettes solltest du folgende Hilfen verwenden: Die Grundplatte wird mit einer Schraubzwinge am Arbeitstisch befestigt. Darauf wird an der gezeichneten Kante ein Holz als Führung für die Säge befestigt. Nun kannst du deine Grundplatte gerade absägen.

3

Hier siehst du, wie die Säge an der Führung benutzt wird. Das Holz als Führung sollte nicht überstehen, damit es dich beim Sägen nicht behindert. Für die Aufbauten suchst du dir einen Klotz von 4 oder 6 cm Breite. Die Länge sollte 5 cm nicht überschreiten.

4

Beim Sägen des Motorblocks in der Schnittlade hilft dir ein Stück Sperrholz als „Klemme".

4 Auto

***Tipp*: Der Winkel muss genau an eine gerade Kante angelegt werden.**

5

Für die Fahrerkabine fertigst du dir ein Stück Sperrholz in der Breite der Grundplatte an; du kannst allerdings auch ein schmaleres Holz nehmen – dann erhältst du Trittbretter an den Seiten.

Die Höhe der Kabine legst du selbst fest. Damit der Fahrer nach vorne und hinten hinausschauen kann, musst du Fenster in dein Sperrholz sägen. Das machst du so:

6

Mit dem Lineal und dem Anlegewinkel wird das Fenster wie bei der Grundplatte aufgezeichnet.
In das aufgezeichnete Fenster bohrst du ein Loch.
Beim Bohren legst du das Brett so auf ein Loch oder Locheisen, dass der Tisch nicht beschädigt wird.

7

Jetzt kannst du das Sägeblatt der Laubsäge durch das Loch stecken und das Blatt einspannen.

8

So sieht das eingespannte Sägeblatt aus. Jetzt kannst du sägen!

WERKEN MIT HOLZ
Fix und fertige Unterrichtsideen – Bestell-Nr. 11 982
KOHL VERLAG

TIPP: *Nach dem Sägem solltest du immer die Sägekante glattschleifen.*

9

10

11

So wird die Achse abgemessen.

12

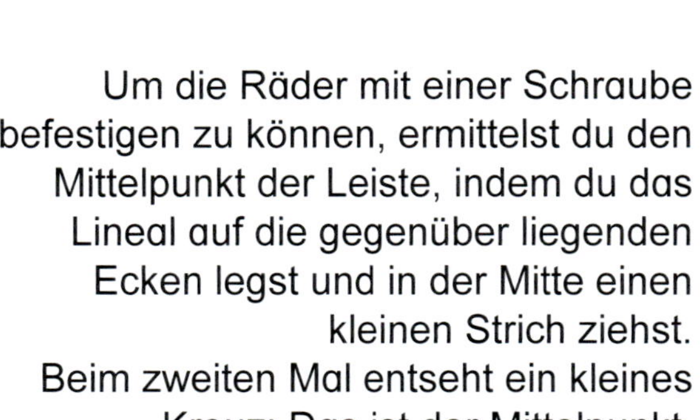

In der Schnittlade wird die Achse gesägt.

13

Um die Räder mit einer Schraube befestigen zu können, ermittelst du den Mittelpunkt der Leiste, indem du das Lineal auf die gegenüber liegenden Ecken legst und in der Mitte einen kleinen Strich ziehst. Beim zweiten Mal entseht ein kleines Kreuz: Das ist der Mittelpunkt.

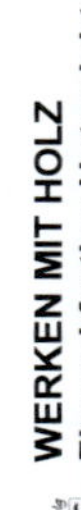

14

Mit einem Nagel schlägst du ein kleines Loch in den Mittelpunkt der Achsen. Hier setzt du später die Schrauben für die Räder ein.

15

Danach kannst du die Achsen anpassen und festleimen. Verwende nur wenig Leim, damit er beim Pressen nicht überquillt.

16

Zum Andrücken benutzt du Schraub- oder Leimzwingen.

17

18

Hier wird mit dem Schraubendreher ein fertiges Rad angeschraubt. Das nötige Loch in der Nabe wurde mit einem Nagel – wie unten beschrieben – erzeugt.

19

Hier siehst du eine fertige Achse mit den Rädern.

Beim Anlegen der Achsen kannst du auch wie folgt vorgehen: Du sägst dir 4 gleichgroße Klötzchen zurecht. Du musst mindestens einmal den Mittelpunkt ermitteln, um einen Rundstab von 4 mm durch das Loch stecken zu können. Das Bohrloch muss größer sein als das Rundholz für die Achse – hier wird auf 6 mm gebohrt.

20

Hier hilft ein Nagel, um die Mitte der weiteren Klötze zu finden.

21

Danach werden die drei Löcher mit einem 6-mm-Bohrer gebohrt.

KOHL VERLAG
WERKEN MIT HOLZ

22

Die gebohrten Klötze werden jetzt ganz genau geleimt. Dabei hilft dir ein kleines Holz, das du auf die Klötze legst. So kannst du beide Klötze mit einer Zwinge befestigen. Damit die Hölzer genau gegenüber liegen, ist es am besten, zuerst nur einen der beiden Klötze festzukleben und dann das Rundholz als Achse durch beide Teile zu stecken. Jetzt kannst du den zweiten Klotz festleimen.

23

Nun kannst du die Räder anpassen. Achte darauf, dass die Achsen ein wenig länger als die Grundplatte bleiben, damit die Räder ein wenig „Spiel" haben und leicht rollen können.

So sieht eine fertige Achse aus!

24

25

So kann ein vollendetes Auto aussehen. Wie die Motorhaube abgeschrägt werden kann, erfährst du auf der nächsten Seite. Das machst du mit einer Schnittlade, indem du die schräge Führung benutzt.

KOHL VERLAG WERKEN MIT HOLZ Fix und fertige Unterrichtsideen – Bestell-Nr. 11 982

4 Auto

26

Säge zuerst die schräge Kante. Das erleichtert das Sägen, weil du die gerade Kante besser festklemmen kannst.

27

Der Aufbau ist bei diesem Beispiel mit Leisten so erfolgt:
Du setzt die Leisten passend an die Motorhaube an und leimst sie an, indem du unten und an der Seite zur Haube etwas Leim gibst. Dann presst du die Leisten mit Zwingen an.

28

Ein Abstandshalter erleichtert dir das Setzen der zweiten Leiste.

29

Jetzt setzt du das Dach auf die Leisten. Dein Führerhaus ist fertig. Zur besseren Stabilität kannst du die Abstandshalter als Türen einsetzen oder wieder ganz entfernen.

4 Auto

30

Hier werden Leisten aus Sperrholz zusammengeleimt, um einen Laderaum für ein großes Fahrzeug zu bauen.

31

Hier helfen zwei Schraubzwingen, um den Laderaum zusammenzuhalten.

32

Hier können die originellsten Modelle entstehen. Deiner Kreativität sind keine Grenzen gesetzt.

33

34

5 Hund aus Rundholz

Die Arbeit mit Rundholz ist in der Regel kostengünstig, weil man dieses Material überall (zum Beispiel auf dem Schulgelände) finden kann.

5 Hund aus Rundholz

1

Für einen solchen Hund nimmst du einen Stamm von 8 – 10 cm Durchmesser und kürzt ihn auf eine Länge von 12 – 15 cm. Der Stamm wird dabei in die Hobelbank geklemmt.

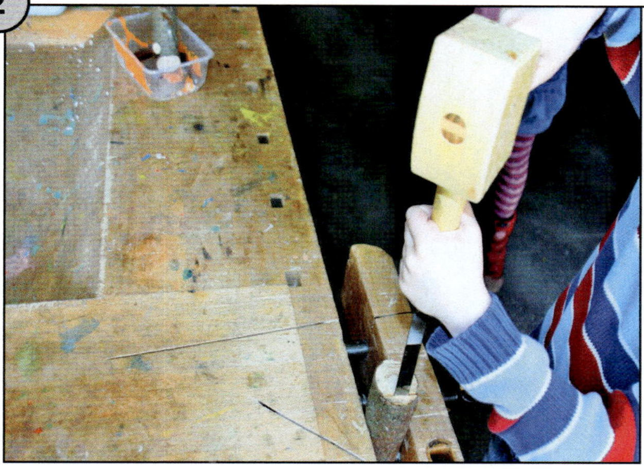

2

Die „Bauchseite“ des Hundes wird mit einem Stecheisen gerade gemacht. Dazu schlägst du das Eisen von links nach rechts so ein, dass eine Rille entsteht. Wenn du mehrfach so weiter machst, bricht das kleinere Stück ab.

3

Für den Kopf schneidest du eine Scheibe von 5 cm Stärke mit einem Durchmesser von 5 – 7 cm.

4

Der Kopf wird mit einem Rundholz aufgesteckt. Dazu wird in Kopf und Körper ein 4 mm großes Loch gebohrt und alle Teile ineinander gesteckt. Wenn du nur im „Körper“ leimst, kannst du den Kopf sogar drehen.

5 Hund aus Rundholz

5

Die Beine werden aus Stäben von 2 cm Durchmesser in einer angemessenen Länge zum Körperdurchmesser gesägt.

6

Für die Beine bohrt dein Lehrer große Löcher. Danach kannst du die Beine mit einem Klüpfel einschlagen.

7

Der Schwanz wird aus etwas dünnerem Stab als die Beine geschnitten und kann leicht angeschrägt mit eingesetzt werden. Dein Lehrer kann mit einem Forstnerbohrer auch ein Loch mit dem Durchmesser des Schwanzes bohren.

8

So wird der Schwanz eingepasst.

9

Falls das Loch etwas zu groß ist, drückst du ein kleines Stückchen Holzabfall vom Bohren oder von einem Streichholz mit in den Leim hinein.

6 Hund

Diesen Hund kannst du aus Leisten herstellen.
Du kannst bei deiner Arbeit einiges verändern: Ohren, Beine, Kopf...

KOHL VERLAG
WERKEN MIT HOLZ
Fix und fertige Unterrichtsideen – Bestell-Nr. 11 982

6 Hund

1

Für den Körper solltest du zwei Leisten von 3 • 5 oder 4 • 6 cm absägen.

2

Nun misst du die Länge mit dem Winkel ab und zeichnest an.

3

Die Schnittlade und die Zwinge helfen dir beim Sägen.
So wird die Leiste in die Schnittlade geklemmt.

4

Die Leisten werden abgesägt.

5

Ein dünnes Holz zum Andrücken sorgt für mehr Stabilität.

6 Hund

6

Hier hilft die Schraubzwinge die Leiste zu halten.

7

Nach dem Sägen schleifst du die Sägekante glatt.

8

Eine Seite des Körpers wird mit Leim bestrichen.

9

Der Körper muss nun für ca. 20 Minuten zusammengepresst werden.

10

Hier wird der Kopf angepasst.

WERKEN MIT HOLZ
Fix und fertige Unterrichtsideen – Bestell-Nr. 11 982
KOHL VERLAG

6 Hund

11

So sieht der mit Leim versehene Kopf aus.

12

Für die Beine musst du viermal die gleiche Länge abmessen und dann sägen.

13

Beim Leimen der Beine könnt ihr euch gegenseitig unterstützen.

14

Hier sind zwei Zwingen im Einsatz. Wichtig ist, dass die Beine deines Hundes gerade auf deinem Tisch stehen, sonst steht deine Figur später schief.

KOHL VERLAG
WERKEN MIT HOLZ

15

Entsprechend der Vorlage wird der Schwanz aus Holzleisten mit einer Stärke von 1 oder 2 cm gesägt und nach dem Schleifen geleimt.

16

Für die Ohren gibt es mehrere Möglichkeiten. Du kannst von einer Leiste zwei Dreiecke absägen. Die abgebildete Leiste ist aus dem Baumarkt.

17

Hier sind zwei große, gerade Ohren gewählt worden.

7 Schiff

Du brauchst eine Bodenplatte aus etwas dickerem Sperrholz in der Größe von 20 cm Länge und 12 cm Breite.

KOHL VERLAG
WERKEN MIT HOLZ

7 Schiff

1

Für die Spitze deines Schiffes markierst du die Mitte der kurzen Seite. Bei einer Breite von 12 cm sind das 6 cm.
Als nächstes legst du die Länge der Spitze fest, indem du von der oberen Kante 10 cm an einer Seite abmisst und anzeichnest.

2

3

Das Brett wird mit einer Schraubzwinge oder – wie hier – mit einer Klemmzwinge so auf die Hobelbank geklemmt, dass einer der schrägen Striche über den Tisch hinausragt.

4

Mit einer weiteren Zwinge und einer geraden Leiste schaffst du dir eine Sägehilfe.

5

6

Wenn du die Grundplatte gesägt hast, suchst du dir ein Stück Styrodur, das größer als deine Grundplatte ist.

7

Mit einer Heißklebepistole versiehst du die Grundplatte mit ausreichend Klebstoff und presst das Holz auf das (noch) zu große Stück Styrodur. Nun lässt du es trocknen.

8

Wenn die Verbindung der beiden Stoffe fest ist, schneidest du das überstehende Styrodur mit dem Styrodur-Schneider ab.

Hier siehst du neben der Spitze den heißen Draht.
Das Abschneiden geht aber auch mit einem Messer.

<u>VORSICHT</u>: Den Draht nicht anfassen! Verbrennungsgefahr!

9

Du ermittelst den Punkt für den Mast, indem du den Abstand von der Spitze des Bootes festlegst.

Mit dem Anlegewinkel überträgst du den Punkt auf die beiden Seiten deiner Platte.

KOHL VERLAG WERKEN MIT HOLZ – Fix und fertig ... – Bestell-Nr. 11 982

7 Schiff

10

In der Mitte entsteht der Punkt für den Mast.

11

Mit dem Anlegewinkel entsteht ein kleines Kreuz.

12

Dann stellst du den Mast probeweise auf. Mit dem zweiten Mast verfährst du genauso.

Wenn du beide Punkte auf dem Bootskörper hast, musst du jeweils ein Loch in der Stärke deiner Masten bohren.

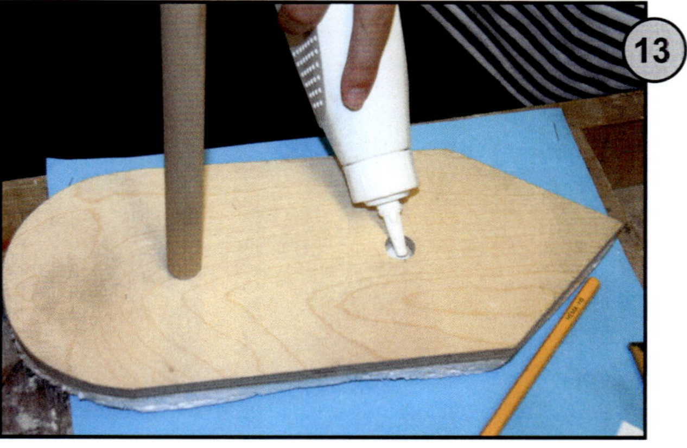

13

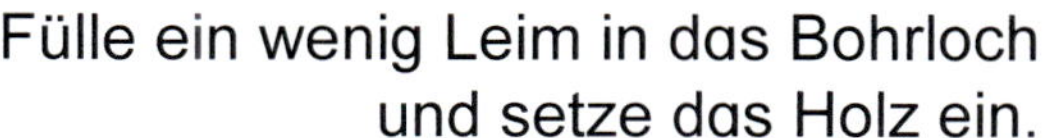

Fülle ein wenig Leim in das Bohrloch und setze das Holz ein.

14

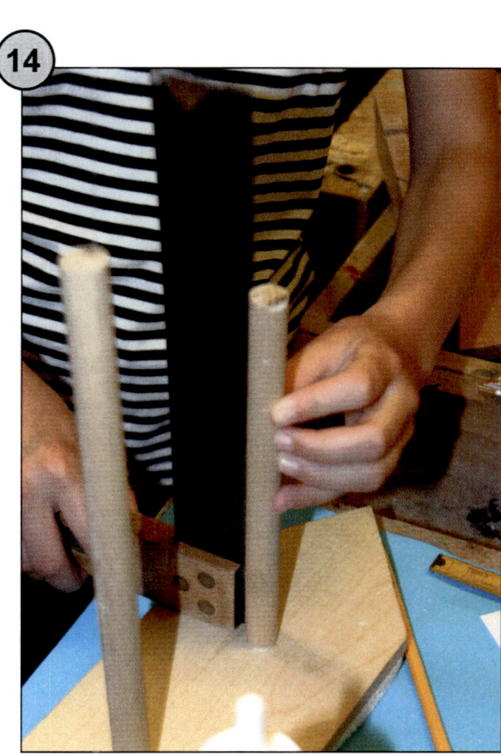

Jetzt solltest du die Masten gerade richten. Dazu nimmst du den Anlegewinkel, und stellst ihn von mehreren Seiten an den Mast – und schon siehst du, ob der Mast senkrecht steht.

KOHL VERLAG
WERKEN MIT HOLZ
Fix und fertige Unterrichtsideen – Bestell-Nr. 11 982

8 Holzkiste

Für deine Holzkiste (z.B. als Stifteschale) benötigst du eine Grundplatte von 18 cm Länge und 9 cm Breite.

Überlege dir, was du in der Schachtel aufbewahren möchtest und passe die Größe der einzelnen Bauteile entsprechend deiner Wünsche an.

8 Holzkiste

1

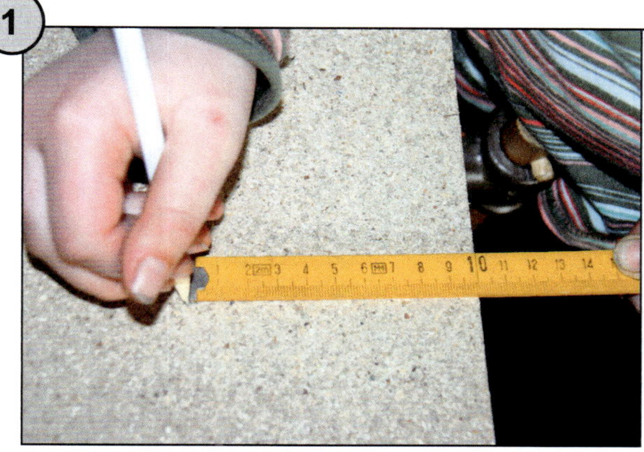

Dein Holz (z.B. ein Stück Spanplatte) sollte nicht zu dünn sein!

2

Hier zeichnest du die Grundplatte auf und sägst sie dann mit einer „Sägehilfe“ aus.

3

1 cm Stärke wäre gut geeignet.
Hier siehst du die festgeklemmte Platte als Sägehilfe.

4

Diese Arbeit führst du mit der Feinsäge oder der Japansäge aus.

Für den Rahmen brauchst du eine Leiste aus Holz von 60 cm Länge und 4,5 cm oder 5 cm Breite. Bevor du die Leiste zersägst, musst du entscheiden, wie die Leistenenden zusammengeleimt werden sollen. Es empfiehlt sich, die kürzeren Seiten der Kiste um zwei Brettstärken überstehen zu lassen. Zwischen ihnen werden dann die langen Seiten eingeklebt.

WERKEN MIT HOLZ
Fix und fertige Unterrichtsideen – Bestell-Nr. 11 982
KOHL VERLAG

8 Holzkiste

5

Hier siehst du, wie die Seiten aneinandergesetzt und angezeichnet werden. So passen die Leisten genau zusammen.

Du sägst die beiden Stücke in der Schnittlade jetzt genau ab.
Als nächsten Schritt passt du alles noch einmal probeweise zusammen.

6

Hier wird die Kastenseite mit Leimpunkten versehen.

7

Du misst auf deiner Leiste 20 cm ab und ziehst mit dem Anlegewinkel an der Stelle einen geraden Strich.

8

Für die kurzen Seiten misst du den Abstand, wenn du die langen Seiten mit Schraubzwingen befestigt hast. Die Grundplatte sollte dabei leicht erhöht auf zwei Hölzern liegen. So kannst du leichter arbeiten.

8 Holzkiste

9

Setze etwa alle 3 cm einen Leimpunkt auf die Kante der Grundplatte.
Setze zuerst die langen Seiten fest.
Gib dann 3 Leimpunkte auf die schmalen Seiten der anderen Leisten.

Schraubzwingen halten den Kasten zusammen.

10

11

***TIPP*: Setze die Zwingen an das Ende der Kiste.**

12

Nach etwa 20 Minuten kannst du die Zwingen wieder lösen und mit dem Bemalen beginnen.

13

Den Tisch vor dem Bemalen abdecken! Die Gestaltungsmöglichkeiten sind grenzenlos.

KOHL VERLAG Lernen mit Erfolg
WERKEN MIT HOLZ
Fix und fertige Unterrichtsideen – Bestell-Nr. 11 982

8 Holzkiste

***Tipp*: Male immer nur mit einer Farbe und warte mit der zweiten, bis die erste ganz trocken ist.**

14

Für den Deckel benötigst du eine Platte, die mindestens so groß ist wie deine Kiste mit den Kanten. Damit die Kiste schöner aussieht, empfiehlt sich ein Überstand von jeweils etwa 1 cm.

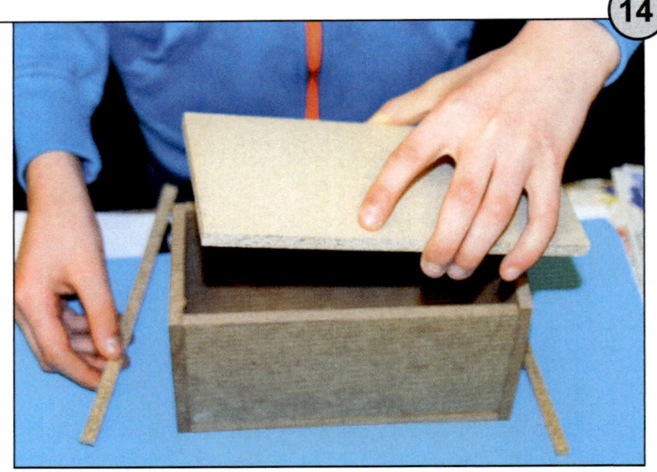

15

Damit dein Deckel nicht verrutscht, leimst du einen passenden Holzstreifen an die kurzen Seiten.

16

Die Innenseite des Kästchens wird für den Abstandshalter gemessen.

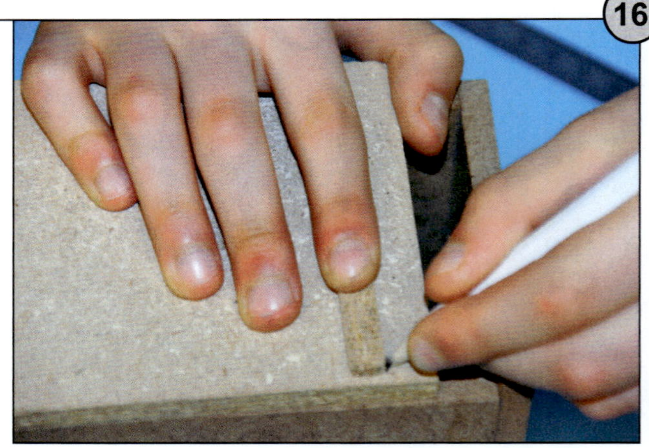

17

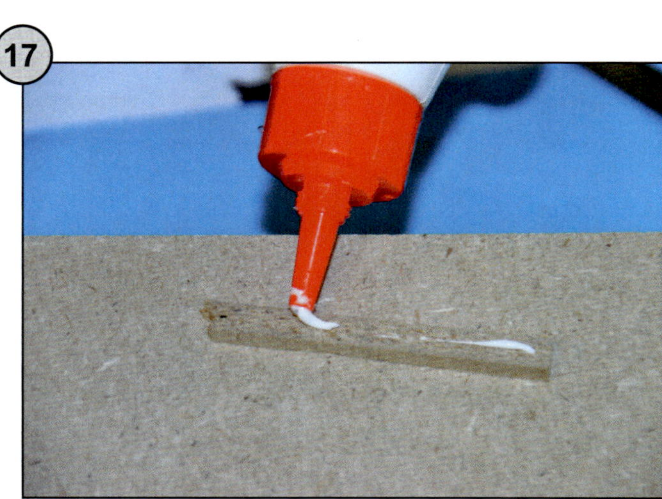

Die passend gesägten Leisten werden geprüft und festgeleimt.

Durch Schraubzwingen können die beiden Leisten angedrückt werden.

18

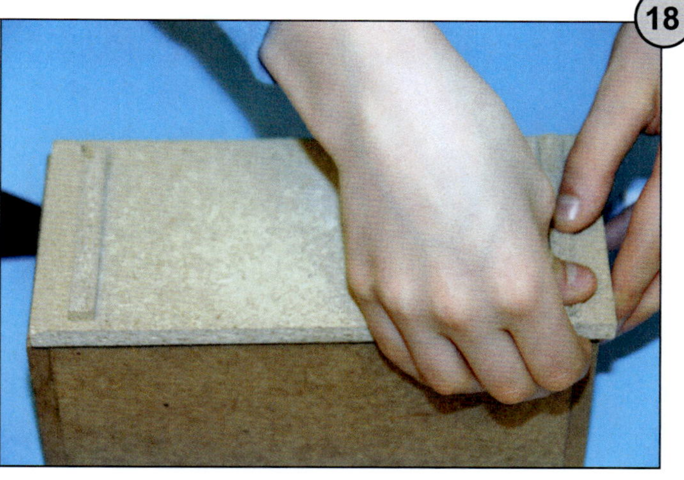

19

Hier wird der Deckel mit den Leisten eingepasst.

Zum leichteren Heben des Deckels setzt du eine Kugel in die Mitte. Du musst als Erstes den Mittelpunkt des Deckels ermitteln, indem du ein Lineal an die gegenüber liegenden Ecken legst.

20

21

So entsteht ein Kreuz im Mittelpunkt der Platte. Durch dieses Kreuz bohrst du ein Loch mit der Stärke, die in einer kleinen Kugel vorgebohrt ist. In der Regel sind das 4 mm.

22

Hier wird die Kugel auf den Deckel probeweise gesetzt.

23

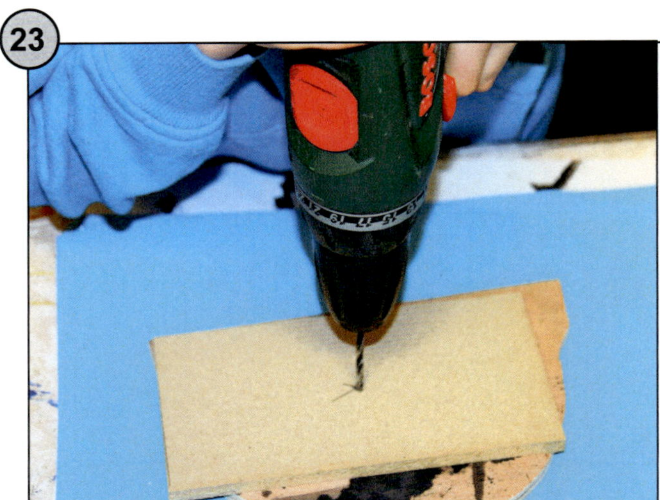

Ein Loch mit einem Durchmesser von 4 mm wird gebohrt.

Ein Rundholz mit 4 mm Stärke wird mit ganz wenig Leim in das Loch in der Kugel gesteckt und dann in den Deckel eingeführt.

24

25

8 Holzkiste

An der Rückseite sägst du den Rest des Stabes ab und schleifst die Stelle glatt.

26

27

Nun kannst du mit dem Bemalen des Deckels beginnen.

Wenn du der Kugel eine andere Farbe geben willst, solltest du sie vor dem Befestigen bemalen. Das geht so: In ein Stück Restholz schlägst du einen Nagel ein...

28

29

... und setzt die Kugel auf den Nagel.

Nun kannst du die Kugel bemalen.

30

9 Weihnachtsmann

Diesen lustigen Weihnachtsmann kannst du folgendermaßen herstellen:

KOHL VERLAG
WERKEN MIT HOLZ
Fix und fertige Unterrichtsideen – Bestell-Nr. 11 982

9 Weihnachtsmann

Du brauchst ein Stück Sperrholz in der Größe von 15 • 20 cm. Das Holz sollte 6 mm dick sein – das kannst du gut mit der Laubsäge bearbeiten.

So sieht dein Sperrholz aus.

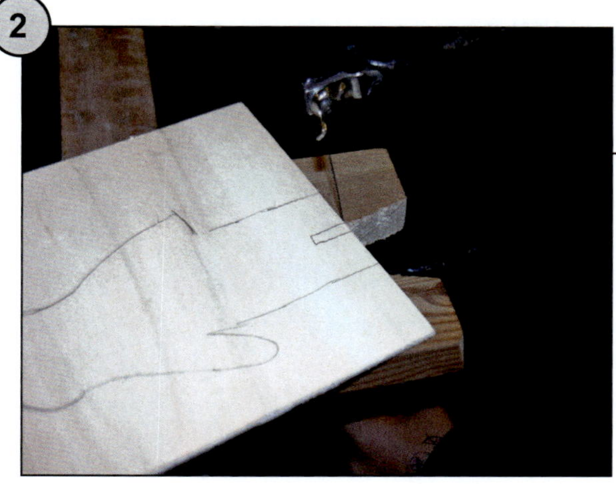

Du kannst auch Tannenholz in der Stärke 18 mm verwenden – die Bearbeitung ist dann aber schwieriger.

***Tipp:* Lege die Vorlagen möglichst dicht an den Rand/in die Ecke deines Holzes. Das spart Material und Geld!**

Um deine Vorlage auf das Holz zu bekommen, gibt es zwei Möglichkeiten.
1. Du nimmst eine Papiervorlage und ein Stück Kohlepapier – Kohlepapier ist auch als „Zauberpapier" bekannt – und legst es mit der Schrift nach oben auf dein Holz. Dann zeichnest du die Linien des Weihnachtsmannes nach.

2. Du legst die Figur auf dein Holz und zeichnest die Umrisse nach. Danach kannst du mit dem Sägen beginnen.

9 Weihnachtsmann

5

Du beginnst folgendermaßen: Zuerst spannst du eine Laubsäge in die Hobelbank ein. Die Flügelschrauben zeigen zu dir. Nun musst du ein Sägeblatt einsetzen.

6

Bevor du das tust, musst du mit einem Finger über das Blatt streichen. Setze das Blatt an der Seite des Griffes so ein, dass es stärker kitzelt, wenn du mit einem Finger vom Griff weg darüber streichst.
So arbeitet deine Säge „auf Zug", d.h. sie sägt, wenn du sie herunterziehst.

7

Beim Einsetzen beginnst du mit der Schraube am Griff, damit du das Sägeblatt beim Einspannen überstehen lassen kannst.

8

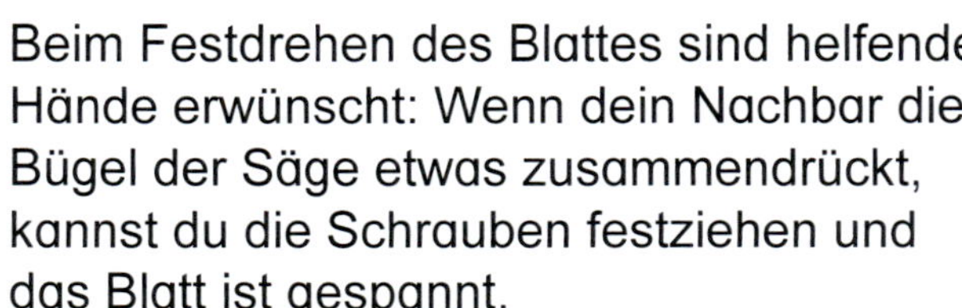

Beim Festdrehen des Blattes sind helfende Hände erwünscht: Wenn dein Nachbar die Bügel der Säge etwas zusammendrückt, kannst du die Schrauben festziehen und das Blatt ist gespannt.

9

Bei modernen Laubsägen kann der Griff heruntergeklappt, das Sägeblatt eingesetzt und durch das Kippen des Griffes gespannt werden. Der Schlüssel erleichtert dir die Arbeit erheblich!

KOHL VERLAG
WERKEN MIT HOLZ
Fix und fertige Unterrichtsideen – Bestell-Nr. 11 982

9 Weihnachtsmann

10

Bevor du mit dem Sägen beginnst, solltest du ein Sägebrett an deinem Tisch befestigen.
Hier wird eine vorbereitete Leiste mit zwei Brettern angeschraubt.

11

Jetzt kann das Sägen beginnen.

12

Achte beim Sägen auf die Hand, die das Brett hält, damit du dir nicht in die eigene Hand sägst.

***Tipp*: Du kannst dein Holz auch mit einer Leimzwinge befestigen!**

13

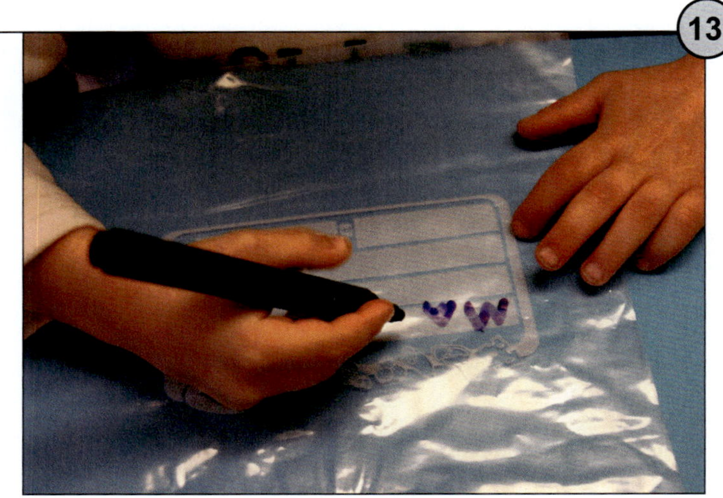

Für die Aufbewahrung deiner Arbeit kannst du einen Gefrierbeutel beschriften. So sind deine Teile sicher aufbewahrt!

KOHL VERLAG Lernen mit Erfolg
WERKEN MIT HOLZ
Fix und fertige Unterrichtsideen – Bestell-Nr. 11 982

9 Weihnachtsmann

Wenn du die Umrisse ausgesägt hast, kannst du die Kanten durch Schleifen glätten. Hierzu wird ein Schleifklotz als Hilfe genommen.

Schwierige und enge Stellen schleifst du einfach nur mit Schleifpapier in der Hand und lässt den Holzklotz weg.

Manchmal ist es besser, die Figur zum Schleifen einzuklemmen oder das Schleifpapier auf den Tisch zu legen und dann mit dem Holzstück darüberzustreichen.

Beim Anmalen deines Weihnachtsmannes gehst du so vor: Bevor du beginnst, legst du den Tisch mit Zeitungspapier aus, damit er vor der Farbe geschützt bleibt.

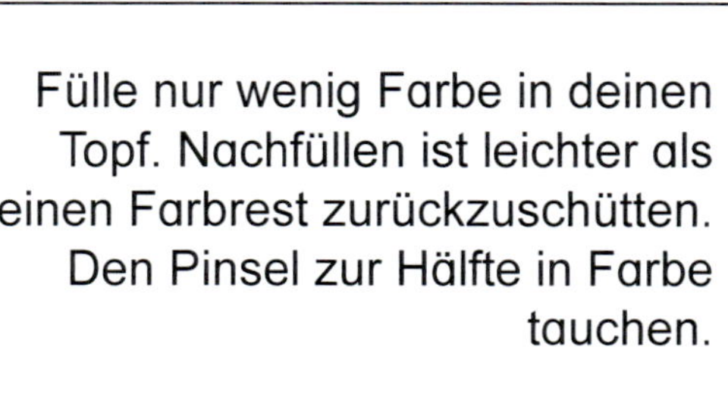

Fülle nur wenig Farbe in deinen Topf. Nachfüllen ist leichter als einen Farbrest zurückzuschütten. Den Pinsel zur Hälfte in Farbe tauchen.

KOHL VERLAG
WERKEN MIT HOLZ
Fix und fertige Unterrichtsideen – Bestell-Nr. 11 982

9 Weihnachtsmann

19

Damit dein Werkstück nicht an der Zeitung klebt, wenn du den Rand bemalst, legst du kleine Holzstückchen darunter.

20

Mit einem kleinen Holzstück kannst du den Weihnachtsmann festhalten, ohne deine Finger mit der Farbe zu verschmutzen.

Male nun den Weihnachtsmann nach deinem Belieben an.

21

Hier wird die Zipfelmütze angemalt.

22

Wenn alle Teile trocken sind, beginnst du mit dem Leimen. Setze auf die Klebeseiten der Holzstücke einige Leimpunkte und lege die Stücke auf deinen Weihnachtsmann. So verfährst du mit allen Stücken.

9 Weihnachtsmann

23

Mit einer Leimzwinge oder einer Schraubzwinge presst du die Teile auf deine Figur.
Die Teile sollten etwa 20 Minuten zum Trocknen brauchen.

24

Die Leiste drückt alle Teile gleichzeitig fest.

25

Zum Schluss werden die Füße befestigt. Du musst beim Aussägen der Füße hinten auf eine gerade Kante achten. Diese Kante setzt du nach dem Anmalen der Füße vorne an und leimst sie fest. Zum besseren Halt der Füße kannst du ein kleines Loch in die Hacke bohren und nach dem Bestreichen mit etwas Leim vorsichtig einen Nagel einschlagen.

26

Du kannst den Weihnachtsmann auch in die Nut eines kleinen Klötzchens stellen. Bretter mit einer Nut findest du oft in deinem Werkraum. Dann kannst du deinen Weihnachtsmann auch ganz dekorativ aufstellen.

10 Kiste aus Leisten

Diese Kiste aus verschiedenen Leisten kannst du für Stifte benutzen. Wenn du das Brett mit den Löchern nicht einsetzt, kannst du diese Kiste auch für andere Gegenstände verwenden.

10 Kiste aus Leisten

1

Für diese Arbeit benötigst du eine Grundplatte und Leisten verschiedener Stärke und Breite.

2

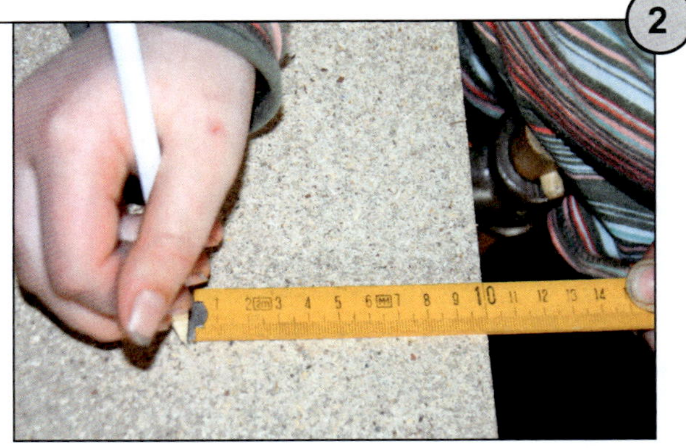

Die Größe deiner Grundplatte kannst du selbst bestimmen. Aus einem größeren Stück schneidest du deine Platte so aus:
Als erstes misst du Länge und Breite mit einem Zollstock oder einem Lineal ab.

3

Dann legst du den Anlegewinkel genau an die Holzkante und auf den gezeichneten Punkt und ziehst eine Linie.

4

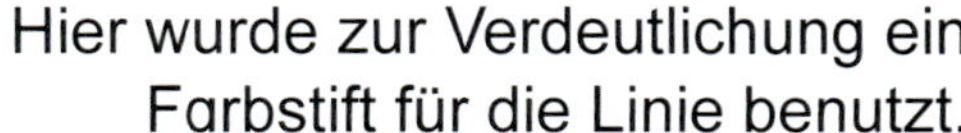

Hier wurde zur Verdeutlichung ein Farbstift für die Linie benutzt.

5

Für das Sägen wird eine Hilfe an der Sägekante befestigt.
Hier wurde die Platte senkrecht eingeklemmt und an der Holzleiste heruntergesägt.

10 Kiste aus Leisten

6

Einfacher ist es, das Brett auf der Hobelbank zu befestigen und dann an der Führung entlangzusägen.

7

Nach dem Erstellen der Platte beginnst du mit dem Suchen verschiedener Leisten.

8

Hier werden 8 cm abgemessen.

9

Um gerade Striche zeichnen zu können, solltest du den Anlegewinkel verwenden.

10

Die Leiste wird in der Schnittlade befestigt.

10 Kiste aus Leisten

11

Nun kannst du mit dem Sägen beginnen.

12

Hier werden unterschiedliche Leisten an der Grundplatte zusammengefügt.

13

14

Bankhaken sind eine weitere Hilfe für das gerade Zusammenlegen der Hölzer.

Wenn du zwei einsetzt, kannst du eine Leiste davor legen. Nun hast du eine gerade Kante für das Anlegen der Hölzer.

KOHL VERLAG WERKEN MIT HOLZ Fix und fertige Unterrichtsideen – Bestell-Nr. 11 982

10 Kiste aus Leisten

15

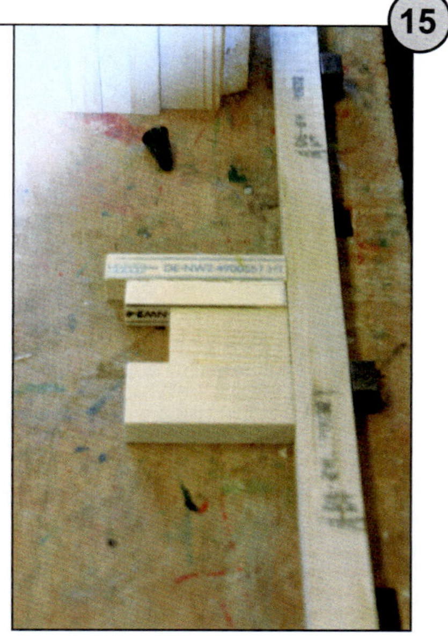

So sehen die Leisten aus, wenn du sie genau angelegt hast.

16

Bevor du mit dem Kleben der Leisten beginnst, musst du deine Hölzer mit der Grundplatte vergleichen. Sobald Platte und Leisten übereinstimmen, kannst du leimen.

17

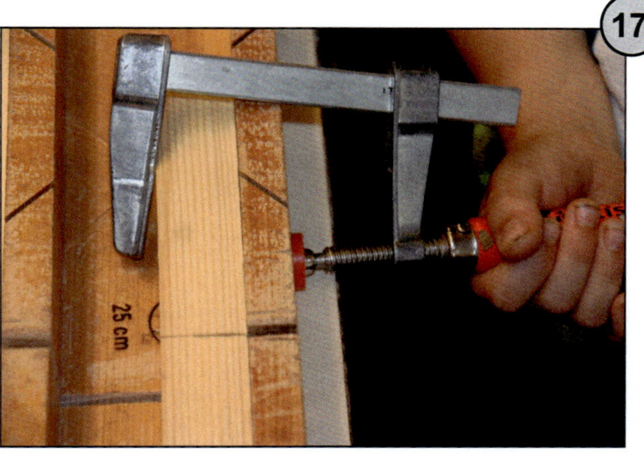

Eine Seite wird vorsichtig mit Leim bestrichen.
Nun wird die zweite Leiste angelegt.

18

Eine kurze Seite wird zusammengepresst.

19

Zwei Seiten sind fertig und werden schon einmal angepasst.

10 Kiste aus Leisten

***Tipp*: Eine der Seiten muss länger sein als die Grundplatte, damit du die Kanten leimen kannst.**

20

An den beiden Ecken erkennst du, wie die Seiten zum Kleben über die Platte ragen.

21

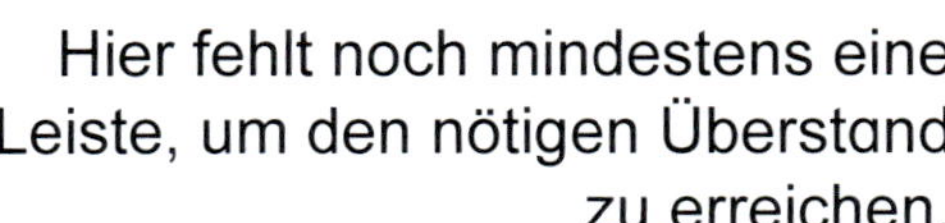

Hier fehlt noch mindestens eine Leiste, um den nötigen Überstand zu erreichen.

22

Die Seite einer Grundplatte wird mit Leim bestrichen.

23

Hier wird die Lochplatte gemessen und dann gesägt.

KOHL VERLAG
WERKEN MIT HOLZ
Fix und fertige Unterrichtsideen – Bestell-Nr. 11 982

10 Kiste aus Leisten

Du zeichnest ein kleines Kreuz an die Stelle, an der ein Loch gebohrt werden soll.

24

25

So sieht eine fertige Platte aus.

Damit die Platte in deiner Kiste liegt, misst du zwei Leisten ab.

26

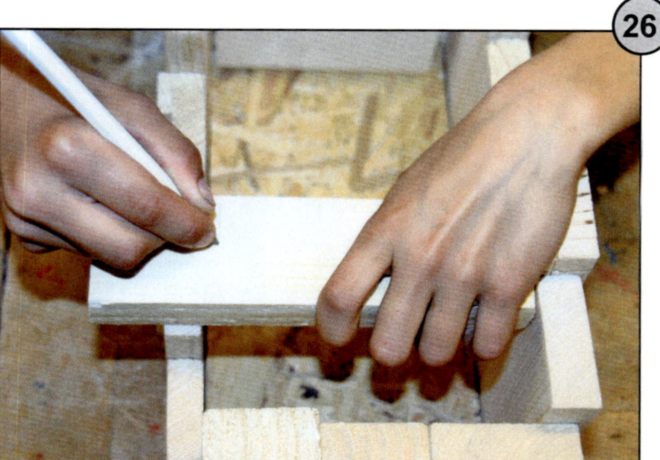

27

Solche Leisten setzt du an die kurze Seite der Kiste. Dann kannst du die Lochplatte einfach darauflegen.

28

Hier wird ein noch nicht fertiges Lochbrett eingesetzt.

29

So sieht die Kiste mit der Platte aus.